Ukrainien

Le Guide D'apprentissage Ultime Pour Les Débutants

Maîtriser Les Bases De
De La Langue Ukrainienne

Par: Anastasia Ilnitskaya

Veuillez noter

Table Des Matières

Introduction

Vous associez probablement l'Ukraine au grand pays qui borde la Russie, la Pologne, le Belarus, etc. L'ukrainien est réputé dans la famille des langues slaves pour son côté mélodique. C'est l'une des principales langues slaves. Il utilise l'alphabet cyrillique et partage quelques points communs avec ses langues voisines les plus proches : le biélorusse, le russe et le polonais. Cependant, chaque langue possède ses propres mots, sa phonétique et ses règles linguistiques.

Historiquement, l'Ukraine a longtemps fait partie de différents pays (la période la plus longue étant sous l'occupation russe). Cela a fortement influencé les différentes sphères de la vie ukrainienne, notamment en matière linguistique. En Ukraine, on trouve un terme qui désigne un mélange des langues ukrainienne et russe: “surzhik”. Nombreux sont ceux qui parlent le “surzhik”: c'est un phénomène très répandu dans les zones rurales ukrainiennes. Mais c'est aussi un autre terme pour désigner la langue ukrainienne claire: “la langue littéraire ukrainienne”. Elle a été utilisée pour la première fois par un célèbre écrivain ukrainien, Grigory

Kvitka-Osnovyanenko, dans l'un de ses poèmes. Dès lors, les gens ont commencé à accorder plus d'attention à leur langage et à leur écriture. Cette variante de la langue ukrainienne est considérée comme une forme classique de l'ukrainien. Bien entendu, certains mots de la langue ukrainienne sont, à tous les égards, identiques à ceux de la langue russe: à l'écrit, à l'oral et même par les caractéristiques morphologiques et lexicales. Mais on trouve beaucoup de mots uniques.

En termes de différences majeures entre le français et l'ukrainien

Voici les différences les plus significatives entre les langues ukrainienne et française:

1. La langue ukrainienne utilise l'écriture cyrillique.
2. Comme dans de nombreuses autres langues (à l'exception de l'anglais), il existe deux formes pour s'adresser à une personne : formelle et informelle.
3. Libre disposition des mots dans les phrases.
4. Abscence d'articles en langue ukrainienne.

5. Les noms en langue ukrainienne changent de terminaison dans différents cas grammaticaux (genre, nombre, etc.).
6. En plus du point précédent, il existe trois genres de noms (masculin, féminin et neutre).

En apprenant l'ukrainien, vous constaterez de plus en plus de particularités de la langue. Certains d'entre elles sont mineures, mais d'autres demandent du temps pour les assimiler et les utiliser à l'oral. Pour apprendre une nouvelle langue, il est primordial de s'y intéresser, de la considérer comme un loisir, et de profiter du temps que vous consacrez à cette activité. Bonne chance dans votre voyage vers la langue ukrainienne !

Chapitre 1: Conseils D'apprentissage

Comme mentionné précédemment, l'apprentissage d'une nouvelle langue n'est pas une tâche facile, surtout lorsque cette langue possède des racines et des origines différentes. Pour simplifier cette tâche, vous devez donc exploiter toutes les ressources disponibles. Consacrez toujours une pause d'une à deux minutes pour rechercher et apprendre un nouveau mot ou une nouvelle phrase.

Voici quelques *conseils* importants pour vous simplifier l'apprentissage de l'ukrainien.:

Ne ratez rien du tout dès le départ.

On commence toujours à apprendre une nouvelle langue à partir de l'alphabet, alors prenez cette étape très au sérieux, car c'est là où se trouvent les origines ! C'est un tout nouvel alphabet. Certaines des lettres peuvent vous sembler comme un simple “gribouillage”, mais d'autres sont similaires à l'écriture française et c'est là que les difficultés peuvent apparaître, car elles désignent des lettres complètement différentes. Par exemple, la lettre “H” ressemble à une lettre française, non ? Mais elle correspond à un “n” en ukrainien. La même situation se présente avec “p”, qui correspond à un “r” en ukrainien. En tout, il y a 33 lettres et vous devez prêter attention à leur apprentissage. En plus, concentrez-vous sur la phonétique et l'accent, étant donné que la prononciation de certains sons présente des différences et que vous aurez besoin du temps pour vous y habituer.

Échangez Avec un Locuteur Natif

Il est très important de pratiquer votre langue, alors trouvez un locuteur natif (ou du moins une personne qui parle ukrainien clairement et suffisamment bien) et abordez différents sujets. Si une occasion de visiter l'Ukraine se présente, saisissez-la ! Il est évident que si l'on est entouré de locuteurs natifs, ce sera un excellent moyen d'améliorer sa langue. Mais faites attention en choisissant la ville de destination, car dans les villes de l'Est de l'Ukraine, la plupart des gens ne parlent pas ukrainien, mais plutôt russe. En revanche, si vous rendez visite à un bon ami, il sera plus facile de lui demander de ne parler que dans sa langue maternelle. Si vous n'avez pas cette possibilité, de nombreuses ressources sur internet vous permettront de trouver un partenaire de conversation.

Munissez-vous d'un bloc-notes et d'un stylo partout où vous allez.

Chaque moment est propice à l'apprentissage ! Il se peut que vous soyez dans un bus et que votre correspondant vienne de vous envoyer un message sur les réseaux sociaux où figure un mot inconnu. Notez-le dans votre bloc-notes, et une fois rentré chez vous, réécrivez-le dans votre vocabulaire d'apprentissage.

Manifestez un intérêt pour la culture ukrainienne

L'Ukraine est un pays qui est fier de ses solides traditions, de sa musique folklorique réconfortante et de sa magnifique poésie. Il est à la fois amusant et intéressant de découvrir certains des éléments décrits dans ce paragraphe.

Pensez-y

Même s'il vous arrive d'oublier votre guide d'apprentissage à la maison, vous avez toujours la tête sur les épaules. Si vous connaissez déjà certains mots et structures de phrases, pensez-y. Utilisez-les! Vous pouvez combiner de nouvelles variations de phrases avec des mots que vous avez déjà acquis. Ou peut-être, vous êtes de type artiste qui peut mélanger certains mots pour en faire un poème. Utilisez toujours votre temps libre pour pratiquer !

Une Astuce Pour Booster Votre Cerveau

Utilisez quelques astuces pour apprendre la langue avec un minimum d'effort ! La première astuce est de vous munir d'un lot de papillons adhésifs sur lesquels seront inscrits des mots ukrainiens. Vous pouvez les coller partout : sur le frigo, sur les portes, sur les étagères, etc. Ainsi, chaque fois que vous passez devant l'un des papillons adhésifs, jetez-y un coup d'œil (parfois vous le ferez sans même vous en rendre compte), et avec le temps, chacun de ces papillons deviendra un mot que vous connaissez ! Une autre astuce consiste à établir une règle que vous devez accepter et appliquer en permanence pendant les cours. La règle consiste à utiliser uniquement des dictionnaires (sur support papier), et non un traducteur en ligne ou une application. Pourquoi ? Parce qu'en feuilletant les pages, vous repérez d'autres mots intéressants, ce qui vous aidera à les retenir !

Un Apprentissage Passionnant

Comme je l'ai déjà dit, simplifier son apprentissage le rend plus intéressant. Vous aimez peut-être cuisiner ? Intéressez-vous à certains plats traditionnels. Ou vous êtes un passionné de la musique ? Vous pouvez donc apprendre quelques chansons ukrainiennes traditionnelles. Laissez-vous emporter, pendant un certain temps, par le riche monde de la culture ukrainienne et ce sera un voyage enrichissant pour l'apprentissage.

Chapitre 2: Les Bases De L'ukrainien

L'alphabet ukrainien (cyrillique) compte 33 lettres. En raison de la manière dont elles ont été écrites auparavant, certaines de ces lettres peuvent sembler différentes de celles en français, mais elles ne le sont pas. Faites donc attention aux recommandations de prononciation.

Lettre ukrainienne	Translittération	Prononciation
А а	A a	**A** comme dans car
Б б	B b	**B** comme dans barbe
В в	V v	**V** comme dans vie
Г г	H h	**H** comme dans horse en anglais
Ґ ґ	G g	**G** comme dans gare
Д д	D d	**D** comme dans devoir
Е е	E e	**É** comme dans

		élève
Є є	YE ye	**Yé** comme dans Yémen
Ж ж	ZH zh	**J** comme dans jalousie
З з	Z z	**Z** comme dans zizanie
И и	Y y	**Y** comme dans pyramide
І і	I i	**I** comme dans ivre
Ї ї	YI yi	**Yi** comme dans yin
Й й	Y y	**Io** comme dans iode
К к	K k	**K** comme dans kit
Л л	L l	**L** comme dans livre

М м	M m	**M** comme dans marque
Н н	N n	**N** comme dans non
О о	O o	**O** comme dans ordre
П п	P p	**P** comme dans pop
Р р	R r	**R** comme dans rire
С с	S s	**S** comme dans sort
Т т	T t	**T** comme dans toile
У у	U u	**Ou** comme dans fou
Ф ф	F f	**F** comme dans faire

Х х	KH kh	**Kh** sonne comme le "j" espagnol ou le "ch" allemand
Ц ц	TS ts	**Ts** comme dans tsunami
Ч ч	CH ch	**Tch** comme dans Tchéquie
Ш ш	SH sh	**Ch** comme dans chocolat
Щ щ	SHCH shch	**Chtch** comme dans chtchi
Ь ь	Signe mou	Signe mou se prononce comme un i léger
Ю ю	YU yu	**You** comme dans Yougoslavie
Я я	YA ya	**Ya** comme ia dans initial

Adoucissement:

Le **signe doux** est différent des autres lettres. Il ne représente pas un son indépendant mais exerce une influence sur la consonne qui le précède en **l'adoucissant**. Par exemple, le son [m] devient [m'] (dans les transcriptions ukrainiennes, l'apostrophe indique que le son est adouci).

Les sons **ya, yu, ye** ont un effet adoucissant similaire sur la consonne qui les précède.

L'apostrophe:

L'apostrophe dans la langue ukrainienne est utilisée dans deux cas:

1. Elle sépare [ya], [yu], [ye], [yi] de la consonne précédente, dans ce cas la consonne **n**'est **pas** adoucie.
2. Elle illustre l'effet de l'adoucissement dans les transcriptions.

Chapitre 3: Syllabation

La principale règle de syllabation en langue ukrainienne:

“Il y a une voyelle dans chaque syllabe.”, par exemple:

привіт — при/віт [pry/vit] – bonjour

вода — во/да [vo/da] – eau

сонце — сон/це [son/tse] – soleil

Quelques règles importantes à observer:

1. Tout son de consonne entre deux voyelles se rapporte à la syllabe suivante: око — о/ко [o/ko] – œil
2. Les consonnes [r], [l], [m], [n] (р,л,м,н) après une voyelle et avant une consonne se rapportent à la syllabe précédente: мирний — мир/ний [myr/nyi] – paisible
3. Deux consonnes voisées et deux consonnes non voisées se rapportent à la syllabe suivante: листя — ли/стя [ly/stia] – Feuilles
4. Deux consonnes sonores se rapportent toujours à des syllabes différentes: ровний — ров/ний — [rov/nyi] – droit

Chapitre 4: Accentuation Des Mots Ukrainiens

En ukrainien, l'accentuation est représentée par une apostrophe au-dessus de la lettre ou du son.

Par exemple: село́ [seló] – campagne

On distingue deux types d'accents : mobile et constant.

Constant – dans chaque forme différente du mot, l'accent reste inchangé:

фа́брика-фа́брику-на фа́брике [fábrika-fábriku-na fábrike] – usine, usines (regardez à l'usine) – à l'usine

Mobile – peut changer de place dans différentes formes du mot:

село́ — сі́л [seló-síl] – campagne, campagnes (singulier – pluriel)

Les principales règles d'accentuation des différentes parties du texte

Nom:

1. Les noms au pluriel sont accentués sur la dernière syllabe.: огірки́ [ogirký] – les concombres
2. Les noms féminins pluriels avec le suffixe k ont un accent sur la dernière syllabe:

книжка — книжкй [kný zhka - knyzhký] - livre – livres

3. Dans d'autres mots, pour indiquer les mesures de longueur, l'accent est généralement placé sur "метр" (mètre): сантиме́тр [santymétr] – centimètre

Adjectif :

1. Dans la plupart des cas, lorsque l'adjectif comporte deux syllabes, l'accent est placé sur la deuxième syllabe (la dernière): дзвінки́й — [dzvinkýi] – sonore, voisé (à propos d'un son)

Verbe:

1. Le verbe бути (être): бути́ [butý] - être; буде́мо [budémo] – sera; була́, було́, були́ [bulá - buló - bulý] - était (pour les différents genres : elle, il, ~~on~~) neutre
2. Plusieurs verbes ont un accent sur la dernière syllabe: нести́ [nestý] - porter
3. L'infinitif porte toujours un accent sur la dernière syllabe.: робити́ [robytý] - faire

On peut rencontrer de nombreux cas difficiles, qui ne répondent à aucune règle précise, ce sont les exceptions.

Vocabulaire 1: "Bonjour ! Ravi de vous rencontrer."

Phrases de base

Dire "Bonjour!"

Привіт [prývit] – Salut (informel)

Добрий день, доброго дня [dóbryy den' , dóbrogo dnya] - Bon après-midi.

Будь ласка [bud' láska] – S'il vous plaît / soyez le bienvenu.

Прошу [próshu] – S'il vous plaît.

Перепрошую [pereproshuyu] – Excusez-moi.

Дякую [D'ákuyu] – Merci.

Вибачте [výbachte] – Pardon.

До побачення [do pobáchenn'a] – Au revoir.

Se présenter

Мене звати Вільям Рос [mené zváty Wil'yam Ros] – Mon nom est William Ross.

Моє прізвище Рос [moyé prízvyshche Рос] – Mon nom de famille est Ross.

Як вас звати? Як ваше ім'я? [yak vas zváty? yak váshe imyá?] - Deux variantes pour demander “Quel est votre nom ?”.

Як ваше прізвище? [yak váshe prízvyshe?] – Quel est votre nom de famille?

Effectuer un achat

Скільки це коштує? [skíl’ky tse kóshtuye?] - Combien ça coûte?

Я це куплю [Ya tse kúpl’u] – Je vais acheter ça.

Покажіть мені жовтий светр за п'ятдесят гривень [pokazhít’ méni zhóvtyi svétr za pyatdes’át hrývnen’] – Montrez-moi un pull jaune qui coûte 50 hryvnas..

Дайте, будь ласка, пляшку води [Dáite bud’ láska plyáshku vódy] – S'il vous plaît, donnez-moi une bouteille d'eau.

Chapitre 5: Le Nom

Un nom est une partie du langage qui nomme le sujet. Il répond aux questions “qui? quoi?”. (Ukrainien: іме́нник — iménnyk – un nom). En ukrainien, un nom est exprimé avec les classes grammaticales du genre, du nombre et du cas.

Genre des noms

Tous les noms de la langue ukrainienne sont divisés en trois groupes : masculin, féminin et neutre. Dans certains cas, un nom peut avoir un genre commun (dénotation à la fois du genre masculin et féminin). Nous pouvons déduire le genre d'un mot grâce à des caractéristiques morphologiques. En outre, dans certains cas, l'adjectif qui précède un nom nous aide à identifier un genre par sa conjonction syntaxique.

La majorité des noms *masculins* n’ont pas de terminaison qui marque le genre au Nominatif:

дуб (dub) – un chêne

ніж (nizh) – un couteau

стіл (stil) – une table

Ils ont aussi les terminaisons -o, -a, mais moins souvent:

дя́дько (dyád’ko) – un oncle

La majorité des noms *féminins* ont une terminaison -a:

земля́ (zemlyá) - un terrain

кві́тка (kvítka) – une fleur

ли́па (lýpa) – un tilleul

Ils ont également une terminaison atypique qui ne marque pas le genre, mais pas souvent:

ніч (nich) – une nuit

ті́нь* (tín') - une ombre

* Un signe mou est toujours synonyme d'une terminaison qui ne marque pas le genre.

Le genre *neutre* englobe des noms qui ont une terminaison -o, -e, -a.:

по́ле (póle) – un champ

о́зеро (ózero) – un lac

пле́м'я (plémya) – une tribu

Les noms ayant un genre commun

Parfois, en ukrainien, un nom peut être utilisé pour indiquer un mot ayant plusieurs genres. Vous pouvez reconnaître un nom de genre commun principalement en fonction du contexte de la phrase.

неро́ба (néroba) – une personne qui n'aime pas travailler (paresseux/paresseuse)

базі́ка (bazíka) – une personne qui parle trop (bavard/bavarde)

Noms pluriels

L'une des différences les plus frappantes entre les langues ukrainienne et française, est l'absence de règles claires en matière de formation du pluriel en ukrainien. Ainsi, les formes plurielles des noms sont à apprendre impérativement. Au début, cela semble difficile, mais avec le temps, vous arriverez à les mémoriser facilement. Vous trouverez des exemples de noms pluriels dans le prochain chapitre de vocabulaire.

Singulare Tantum

Tout comme en français, la langue ukrainienne comprend des noms qui ne peuvent être utilisés qu'au singulier.

Il existe quatre groupes de noms qui appartiennent au singulare tantum:

1. Les noms abstraits qui dénotent une qualité, une propriété, une action ou des idées généralisées.:

смілúвість (smilývist') - courage

гóрдість (górdist') - fierté

боротьбá (borot'bá) - lutte

щáстя (shchyástya) – bonheur

рóзвиток (rózvytok) – développement

любóв (lyubóv) – amour

гнів (gniv) – colère

мýдрість (múdrist') - sagesse

2. Les noms collectifs qui désignent un ensemble de personnes ou d'objets similaires et qui forment un tout indivisible:

рідня́ (ridnyá) - parents

прокуратýра (prokuratúra) – le bureau du procureur

ли́стя (lýstya) – les feuilles

мóлодь (mólod') - la jeunesse

3. Les noms de catégorie substance/matériau:

молокó (molokó) - lait

мáсло (máslo) – beurre

азóт (azót) – azote

водá (vodá) – eau

зóлото (zóloto) – or

пісóк (pisók) – sable

сніг (snig) – neige

4. Les noms propres des personnes, des animaux, des planètes ainsi que les termes géographiques et autres:

Кúїв (Kyív) – Kiev, la capitale de l'Ukraine

Марíя (Maríya) – Maria (nom féminin)

Землá (zemlyá) - la Terre

Plurale tantum

Il existe des groupes de noms qui sont toujours utilisés au pluriel:

1. Les noms des bâtiments et de leurs parties:

двéрі (dvéri) – la porte

схóди (shódy) – l'échelle

ворота́ (vorotá) - le portail

2. Les outils de labeur et les articles ménagers:

гра́блі (grábli) – râteau

ви́ла (výla) – fourche

ваги́ (vagý) – échelles

3. Les paires d'objets et de parties du corps:

окуля́ри (okulyáry) - lunettes

но́жиці (nózhytsi) - ciseaux

кліщі́ (klishchí) - pinces

тиски́ (tyský) - pressions

4. Instruments de musique:

ци́мбали (tsýmbalu) – cymbale

5. Vêtements et chaussures:

штани́ (shtaný) – pantalon

труси́ (trusý) – troncs

пантало́ни (pantalóny) – pantalons

бу́тси (bútsy) – bottes

6. Les noms de certains jeux:

ша́хи (sháhy) – échecs

жму́рки (zhmúrky) – cache-cache

7. Noms propres géographiques:

Карпа́ти (karpáty) – les Carpates

А́льпи (ál'py) – les Alpes

Су́ми (súmy) – Soumy

La catégorie des cas grammaticaux

La catégorie des cas grammaticaux représente l'une des plus grandes différences entre l'ukrainien et le français. La langue ukrainienne compte sept cas. Le cas dépend de la terminaison que prend le nom après le changement. Le nom de chaque cas est lié à la question à laquelle il répond, donc il sera facile de se rappeler les sept cas..

La liste des cas:

Nominatif

Génitif

Datif

Accusatif

Instrumental

Locatif

Vocatif

Examinons maintenant chaque cas en détail.

Cas Nominatif (Qui ? Quoi ?)

Questions ukrainiennes хто?що? (hto?shcho?) - Qui? Quoi?

Ce cas nomme l'objet ou le sujet dans les phrases, cette forme est utilisée dans les dictionnaires.

Кни́га стої́ть на по́лиці. (knýga stoyít' na pólytsi). Le livre est sur l'étagère.

Що? Книга. (Quoi? Le livre).

Хло́пець співа́є пі́сню. (hlópets' spiváye písnyu). Le garçon chante une chanson.

Хто? Хло́пець. (Qui? Le garcon).

Cas Génitif (de qui ? de quoi ?)

Questions ukrainiennes кого́?чого́? (kogó? Chogó?) De qui? De quoi?

Le cas génitif exprime la possession d'un objet par quelqu'un ou un complément de nom..

Ні́жка стола́. (nízhka stolá) un pied de table.

Cas Datif (à qui ? à quoi ?)

Questions ukrainiennes кому́?чому́? (komú?chomú?) - à qui? à quoi?

La question que vous pouvez poser dans ce cas est " Donner à qui?":

Да́й цуке́рку ді́вчинці. (dái tsukérku dívchyntsi) Donnez un bonbon à une fille. (à qui? À une fille).

Cas Accusatif (qui ? quoi ?)

Questions ukrainiennes кого́?що? (kogó? Shcho?) qui? quoi?

Dans ce cas, vous pouvez utiliser la question "chercher Qui? Quoi?"

Я закінчи́в свою роботу. (Ya zakinchýv svoyú robótu) – J'ai terminé mon travail.

Cas Instrumental (avec qui ? avec quoi ?)

Questions ukrainiennes ким?чим? (kym? Chym?) – Avec qui? Avec quoi?

Vous devez utiliser ce cas lorsque vous voulez exprimer qu'une personne ou un objet est utilisé par ou fonctionne avec d'autres.

Я готу́ю зі сковорі́дкою. (Ya gotúyu zi skovorídkoyu) – Je cuisine avec une poêle à frire.

Cas Locatif (sur qui? Sur quoi?)

Questions ukrainiennes на ко́му?на чо́му? (na kómu? Na chómu?) sur qui? Sur quoi?

Vous ne devez utiliser ce cas que pour les emplacements.

На вікні́ сиди́ть птах. (na vikní cydýt' ptah) Il y a un oiseau assis sur la fenêtre.

Cas Vocatif

Ce cas ne prévoit pas de questions. Vous devez l'utiliser uniquement dans le discours direct lorsque quelqu'un adresse la parole à quelqu'un d'autre.

Га́лю, неси́ бо́рщ!* (Gályu nesý bórshch) – Galya, apporte du bortsch par ici!

* Galya étant un nom ukrainien très populaire au cours des derniers siècles, le bortsch est le plat traditionnel le plus célèbre d'Ukraine. Cette expression est souvent utilisée comme une blague, lorsque vous voulez dire à votre petite amie ou à votre femme, de manière amusante,

que vous voulez qu'elle apporte de la nourriture (même si votre petite amie ne s'appelle pas Galya).

Vocabulaire 2: Noms communs (au pluriel)

Les personnes

Люди́на, лю́ди (lyudýna, lyúdy) – personne, personnes

Чолові́к (s), чоловіки́ (pl) (cholovík, cholovikу́) – homme, hommes

Жі́нка, жінки́ (zhínka, zhinkу́) – femme, femmes

Хло́пець, хло́пці (hlópets', hlóptsi) – un jeune homme/des jeunes hommes

Ді́вчина, дівча́та (dívchyna, divcháta) – une jeune femme/des jeunes femmes

Хло́пчик, хло́пчики (hlópchyk, hlópchyky) – garçon, garçons

Ді́вчинка, ді́вчинки (dívchynka, dívchynky) – fille, filles

Друг, дру́зі (drug, drúzi) – ami, amis (pour le masculin)

По́друга, по́други (pódruga, pódrugy) – amie, amies (pour le féminin)

Колéга, колéги (koléga, kolégy) – collègue, collègues

Начáльник, начáльники (nachál'nyk, nachál'nyky) – patron, patrons

Вóрог, ворогú (vórog, vorogý) – ennemi, ennemis

Professions

Робóта, робóти / прáця (no plural) (robóta, robóty / prátsya) – travail, travaux

Вчúтель, вчителí (vchýtel', vchytelí) – enseignant, enseignants

Дóктор, дóктори (dóktor, dóktory) – médecin, médecins

інженéр, інженéри (inzhenér, inzhenéry) – ingénieur, ingénieurs

Елéктрик, елéктрики (eléktryk, eléktryky) – électricien, électriciens

журналíст, журналíсти (zhurnalíst, zhurnalísty) – journaliste, journalistes співробітни́к (компа́нії), співробітники́ (spivpobitný́k (kompánii), spivrobitnyký) – employé (d'une entreprise), employés

полiце́йський, поліце́йські (politséis'kyi, politséis'ki) – policier, policiers

письме́нник, письме́нники (pys'méннyk, pys'ménnyky) – écrivain, écrivains

переклада́ч, перекладачі́ (perekladách, perekladachí) – traducteur, traducteurs

президе́нт, президе́нти (prezydént, prezydénty) – président, présidents

Animaux

Твари́на, твари́ни (tvarýna, tvarýny) – animal, animaux

соба́ка, соба́ки (sobáka, sobáky) – chien, chiens

кіт, коти́ (kit, kotý) – chat, chats

папу́га, папу́ги (papúga, papúgy) – perroquet, perroquets

слон, слони́ (slon, slonу́) – éléphant, éléphants

лиси́ця, лиси́ці (lysýtsya, lysýtsi) – renard, renards

вовк, вовки́ (vovk, vovký) – loup, loups

о́лень, о́лені (ólen', óleni) – cerf, cerfs

ведмі́дь, ведме́ді (vedmíd', vedmédi) – ours, ours

Nature

Приро́да (pas de pluriel) (pryróda) – nature

вода́ (Pas de pluriel) (vodá) – eau

вого́нь, вогні́ (vogón', vogní) – feu, incendies(!)

земля́, зе́млі (zemlyá, zémli) – terre, terres

пові́тря (Pas de pluriel) (povítrya) – vent

хо́лод (Pas de pluriel) (hólod) – froid

Temps de repas

ї́жа (plurale tantum) (yízha) – aliments

стра́ва, стра́ви (stráva, strávy) – plat, plats

сніда́нок, сніда́нки (snidánok, snidánky) – petit-déjeuner, petits-déjeuners обід, обі́ди (obid, obídy) – dîner, dîners

вечéря, вечéрі (vechérya, vechéri) – souper, soupers

десéрт, десéрти (desért, desérty) – dessert, desserts

Chapitre 6: Pronoms

Les pronoms sont des mots qui peuvent se substituer aux noms. Nous les employons pour éviter de répéter les noms à maintes reprises. Les pronoms sont classés en fonction de leur signification et de leur utilisation dans la phrase.

Pronoms personnels

Première personne:

Cas	Singulier	Pluriel
Nominatif	Я (ya) - je	Ми (My) - nous
Génitif	Мене́ (mené)	Нас (nas)
Datif	Мені́ (mení)	Нам (nam)
Accusatif	Мене́ (mené)	Нас (nas)
Instrumental	Мно́ю (mnóyu)	На́ми (námi)
Locatif	Мені́ (mení)	Нас (nas)

Deuxième personne:

Cas	Singulier	Pluriel
Nominatif	Ти (ty) - tu	Ви*(vy) - vous
Génitif	Тебе́ (tebé)	Вас (vas)
Datif	Тобі́ (tobí)	Вам (vam)
Accusatif	Тебе́ (tebé)	Вас (vas)
Instrumental	Тобо́ю (tobóyu)	Вами (vámy)
Locatif	Тобі́ (tobí)	Вас (vas)

*N.B la forme plurielle de "vous" dans la langue ukrainienne est un mot formel (vous de politesse) pour s'adresser à une personne plus âgée que vous ou à un étranger (également aux patrons, aux professeurs, etc.).

Troisième personne:

Cas	Singulier	Pluriel
Nominatif	Він,воná,вонó (vin, voná, vonó) - il,elle,on *	Вони́ (voný) – ils,elles
Génitif	Йогó, ї́ї (yogó, yiyí)	Їх (yih)
Datif	Йомý, ї́й (yomú, yíy)	Їм (yim)
Accusatif	Йогó, ї́ї (yogó, yiyí)	Їх (yih)
Instrumental	Ним, нéї (nym, néyi)	Ни́ми (nýmy)
Locatif	Ньóму, ні́й (n'ómu, níy)	Них (nyh)

* Les mêmes formes de cas s'appliquent pour “il” et “on”.

Pronoms possessifs (mon/mien)

Cas	masculin	neutre	féminin	pluriel
Nominatif	Мі́й (míy)	Моє́ (moyé)	Моя́ (moyá)	Мої́ (moyí)
Génitif	Моró (mogó)	Моró (mogó)	Моє́ї (moyéi)	Мої́х (moyíh)
Datif	Моє́му (moyému)	Моє́му (moyému)	Мої́й (moyíy)	Мої́м (moyím)
Accusatif	Мі́й,моró (míy, mogó)	Моє́ (moyé)	Мою́ (moyú)	Мої́, мої́х (moyí, moyíh)
Instrumental	Мої́м (moyím)	Мої́м (moyím)	Моє́ю (moyéyu)	Мої́ми (moyímy)
Locatif	Моє́му,мої́м (moyému, moyím)	Моє́му,мої́м (moyému, moyím)	Мої́х (moyíh)	Мої́м (moyím)

Pronoms réfléchis

moi-même/elle-même/lui-même etc.

Nominatif	-
Génitif	Себé(sebé)
Datif	Собі́ (sobí)
Accusatif	Себé (sebé)
Instrumental	Собóю (soboyú)
Locatif	Собі́ (sobí)

Pronoms démonstratifs

celui-ci/celle-ci

	masculin	féminin	neutre
Nominatif	Цей (tsei)	Ця (tsya)	Це (tse)
Génitif	Цьòго (ts'ògo)	Ціѐї (tsiyèyi)	Цьòго (ts'ògo)
Datif	Цьому (ts'òmu)	Цій (tsiy)	Цьòму (ts'òmu)
Accusatif	Цей (tsei)	Цю (tsyu)	Це (tsei)
Instrumental	Цим (tsym)	Цiѐю (tsiyèyu)	Цим (tsym)
Locatif	Цьòму (ts'òmu)	Цій (tsiy)	Цьòму (ts'òmu)

ceux-ci/celles-ci

	pluriel
Nominatif	Ці (tsi)
Génitif	Цих (tsyh)
Datif	Цим (tsym)
Accusatif	Ці (tsi)
Instrumental	Цѝми (tsỳmy)
Locatif	Цих (tsyh)

cela/celui-là

	masculin	féminin	neutre
Nominatif	Той (toi)	Та (ta)	Те (te)
Génitif	Тогò (togò)	Тіѐї (tiyèyi)	Тогò (togò)
Datif	Томỳ (tomù)	Тій (tiy)	Томỳ (tomù)
Accusatif	Той (toi)	Ту (tu)	Те (te)
Instrumental	Тим (tym)	Тіѐю (tiyèyu)	Тим (tym)
Locatif	Томỳ (tomù)	Тій (tiy)	Томỳ (tomù)

ceux-là/celles-là

	pluriel
Nominatif	Ті (ti)
Génitif	Тих (tyh)
Datif	Тим (tym)
Accusatif	Ті (ti)
Instrumental	Тѝми (tỳmy)
Locatif	Тих (tyh)

Pronoms indéfinis et négatifs

On utilise le pronom indéfini “хто-нéбудь (hto nébud’ - quelqu'un) lorsqu'on ne parle pas d'une personne précise.

Nominatif: хтó-нéбудь (htó-nébud’)

Genitif: когó-нéбудь (kogó-nébud’)

Datif: комý-нéбудь (komú-nébud’)

Accusatif: когó-нéбудь (kogó-nébud’)

Instrumental: ким-нéбудь (kym-nébud’)

Locatif: комý-нéбудь (komú-nébud’)

Hixmó (nihtó) – personne

Nominative: ніхтó (nihtó)

Genitive: нікóго (nikógo)

Dative: нікóму (nikómu)

Accusative: нікóго (nikógo)

Instrumental: нікúм (nikúm)

Locative: нікóму (nikómu)

On utilise un pronom négatif “нічи́й” (nichýi – n’est à personne) quand on veut dire que le sujet est inconnu.

Nominatif: “нічи́й” (nichýi)

Génitif: нічийóго (nichyyógo)

Datif: нічиє́му (nichyyému)

Accusatif: нічи́й (nichýi)

Instrumental: нічиї́м (nichyyím)

Locatif: нічи́й (nichýi)

Pronoms interrogatifs

Nous utilisons les pronoms interrogatifs pour poser des questions. Vous avez déjà vu quelques questions dans les sept cas grammaticaux ci-dessus..

Хто?Що? (hto?shcho?) Qui? Quoi?

Хто хо̀че поснѝдати? (hto hòche posnìdaty) Qui veut prendre un petit-déjeuner?

Що тра̀пилось? (shcho tràpylos') Que s'est-il passé?

Колѝ? (kolỳ?) Quand?

Колѝ ти прѝйдеш? (kolỳ ty prỳidesh) Quand viendrez-vous?

Де? (de?) Où?

Де ти живѐш? (de ty zhyvèsh) Où habitez-vous?

Чому̀? (chomù) pourquoi?

Чому̀ ти пла̀чеш? (chomù ty plàchesh) Pourquoi pleurez-vous ?

Як? (yak) Comment?

Як спрàви? (yak spràvy) Comment allez-vous?

Скі̀льки? (skìl'ku) – Combien? (Une seule question pour les noms dénombrables et non dénombrables.).

Скі̀льки чàсу це займѐ? (skìl'ky chàsy tse zaimè) Combien de temps cela prendra-t-il?

Скі̀льки кòштує ця сỳмка? (skìl'ky kòshtuye tsya sùmka) Combien coûte ce sac ?

Кòтрий? (masculin) *Кòтра?* (féminin) (kòtryi? Kòtra?) Lequel?Laquelle? (Cet adjectif interrogatif change de forme, il dépend du nom (sujet) et de son genre.)

Кòтра годѝна? (kòtra godỳna) Quelle heure est-il?

Кòтрий суп мі̀й? (kòtryi sup mìy) Quelle soupe est la mienne ?

Exemples

Voici quelques exemples d'utilisation des pronoms:

- Подзвонѝ комỳ-небỳдь. (podzvonỳ komù-nebùd')

-Ні, ніхтò не хòче зі мнòю розмовлѝти. (ni nìhto ne hòche zi mnòyu rozmovlyàty)

- Appelez quelqu'un.

- Non, personne ne veut me parler.

Це мій капелю̀х. (tse miy kapel'ùh) Ceci est mon chapeau.

Я тебè кохàю (ya tebè kohàyu) Je t'aime.

Їх будѝнок велѝкий, а у нас малèнький. (yih budỳnok velỳkyi a u nas malèn'kyi) Leur maison est grande et la nôtre est petite.

Якщò ці грòші нічиї̀ я візьмỳ їх. (yakshchò tsi gròshi nichyì ya viz'mù yih) Si cet argent n'est à personne, je le prends.

Це йогò телефòн. (tse yogò telefòn) C'est son téléphone.

Я пишàюсь собòю. (ya pyshàyus' sobòyu) Je suis fier de moi-même.

Vocabulaire 3: Ma famille

Родѝна (rodỳna) famille

Батькѝ (bat'kỳ) parents

Рòдичі (ròdychi) proches

Дідỳсь і бабỳся (didùs' i babùsya) grands-parents; дідусь - grand-père, бабуся - grand-mère

Мàти (màty) - mère

Бàтько (bàt'ko) père

Син (syn) fils

Дòнька (dòn'ka) fille

Брат (brat) frère

Сестрà (sestrà) sœur

Двоюрідний брат/сестра (dvoyùridnyi brat/sestra) cousin

Близнюкѝ (blyznukỳ) jumeaux

Дя̀дько (dyàd'ko) oncle

Тѝтка (tìtka) tante

Chapitre 7: Nombres

Tout comme en français, les nombres ukrainiens sont divisés en deux groupes : les nombres cardinaux et les nombres ordinaux. La différence est que les nombres ordinaux ukrainiens changent de forme selon le genre et le cas grammatical. De plus, les nombres ordinaux peuvent être simples (chiffre avec un radical, par exemple 1, 2, 100), complexes (deux radicaux ou plus, par exemple 11, 15) et composites (deux ou plusieurs chiffres simples ou complexes, par exemple 125, 440)

Nombres cardinaux

Les nombres cardinaux de base

Mot ukrainien	Translittération	Nombre
нуль	nul’	0
одѝн	odỳn	1
два	dva	2
три	try	3
чотѝри	chotỳry	4
п’ять	pyat’	5
шѝсть	shìst’	6
сім	sim	7
вѝсім	vìsim	8
дѐв’ять	dèvyat’	9
дѐсять	dèsyat’	10
одинàдцять	odynàdtsyat’	11
дванàдцять	dvanàdtsyat’	12
тринàдцять	trynàdtsyat’	13
чотирнàдцять	chotyrnàdtsyat’	14
п’ятнàдцять	pyatnàdtsyat’	15
шістнàдцять	shistnàdtsyat’	16

сімна̀дцять	simnàdtsyat’	17
вісімна̀дцять	visimnàdtsyat’	18
дев’ятна̀дцять	devyatnàdtsyat’	19
два̀дцять	dvàdtsyat’	20
два̀дцять одѝн	dvàdtsyat’ odỳn	21
два̀дцять два	dvàdtsyat’ dva	22
два̀дцять три	dvàdtsyat’ try	23
два̀дцять чотѝри	dvàdtsyat’ chotỳry	24
два̀дцять п’ять	dvàdtsyat’ pyat’	25
два̀дцять ші̀сть	dvàdtsyat’ shìst’	26
два̀дцять сім	dvàdtsyat’ sim	27
два̀дцять ві̀сім	dvàdtsyat’ vìsim	28
два̀дцять дѐв’ять	dvàdtsyat’ dèvyat’	29
трѝдцять	trỳdtsyat’	30
со̀рок	sòrok	40
п’ятдеся̀т	pyatdesyàt	50
шістдеся̀т	shistdesyàt	60
сімдеся̀т	simdesyàt	70
вісімдеся̀т	visimdesyàt	80
дев’яно̀сто	devyanòsto	90
сто	sto	100

сто одѝн	sto odỳn	101
сто одинàдцять	sto odynàdtsyat’	111
сто п’ятдеся̀т шѝсть	sto pyatdesyàt shìst’	156
двѝсті	dvìsti	200
трѝста	trỳsta	300
чотѝриста	chotỳrysta	400
п’ятсо̀т	pyatsòt	500
шістсо̀т	shistsòt	600
сімсо̀т	simsòt	700
вісімсо̀т	visimsòt	800
дев’ятсо̀т	devyatsòt	900
тѝсяча/однà тѝсяча	tỳsyacha/odnà tỳsyacha	1000
дві тѝсячі*	dvi tỳsyachi	2000*
мільйо̀н	mil’yòn	1 million

* La formation de milliers est un nombre simple (2-9) + le mot “тисяча”.

Nombres assemblés

Nous utilisons des nombres assemblés pour unir plusieurs personnes, animaux ou sujets par un seul nom.:

двòє хлòпців (dvòye hlòptsiv) deux garçons

трòє ві̀кон (tròye vìkon) trois fenêtres

чѐтверо/п'я̀теро/шѐстеро/сѐмеро/вòсьмеро/дѐв'ятеро/дѐсятеро

(chètvero/pyàtero/shèstero/sèmero/vòs'mero/dè vyatero/dèsyatero)

Nombres indéfinis

Les nombres indéfinis nous aident à parler des objets dont le nombre exact est inconnu ou que l'on veut omettre.

Багàто (bagàto) beaucoup, plusieurs

Мàло (màlo) moins/petit

Кі̀лька (kìl'ka) quelques

У неї <u>багàто</u> грòшей. (u nei bagàto gròshei) Elle a beaucoup d'argent.

Nombres ordinaux

Les nombres ordinaux sont formés en ajoutant les terminaisons -ий/ій, -а/я, -е/є, -і aux cardinaux. Les terminaisons dépendent du genre et du nombre.

MAIS!

Один — Un

пѐрший/пѐрша (pèrshyi/pèrsha) – premier/première

Par exemple:

тридцять (30) + е = тридцяте (30ème): neutre, singulier

сорок шість (46) + а = сòрок шòста (46ème): féminin, singulier

Fractions

Règles de formation:

Avec le nombre “un”: один (1) devient одна (odnà); odna+ nombre ordinal (féminin, singulier):

½ – однà дрỳга (odnà drùga).

Avec d'autres nombres : nombre cardinal + nombre ordinal avec la terminaison -их (-ix pour 3):

2/3 – дві трèтіх (dvi trètih)

4/6 — чотѝри шòстих (chotỳry shòstyh)

Vocabulaire 4: Dire l'heure et la date

Jours de la semaine

Тѝждень (tỳzhden') - Semaine

Понеді̀лок (ponedìlok) Lundi

Вівтòрок (vivtòrok) Mardi

Середà (seredà) Mercredi

Четвѐр (chetvèr) jeudi

П'ѝтниця (pyàtnytsya) Vendredi

Субòта (subòta) Samedi

Неді̀ля (nedìlya) Dimanche

Субота та неділя — вихідні̀ дні. (subota ta nedilya vyhidnì dni) Le samedi et le dimanche sont des jours de repos..

Понеділок — пѐрший робòчий дѐнь у тѝжні. (ponedilok pèrshyi robòchyi dèn' u tỳzhni) Le lundi est le premier jour ouvrable de la semaine.

Mois de l'année

Мі̀сяць (mìsyats')   un mois; aussi “une lune”

Сі̀чень (sìchen') Janvier

Лю̀тий (lùtyi) Février

Бѐрезень (bèrezen') Mars

Кві̀тень (kvìten') Avril

Тра̀вень (tràven') Mai

Чѐрвень (chèrven') Juin

Лѝпень (lỳpen') Juillet

Сѐрпень (sèrpen') Août

Вѐресень (vèresen') Septembre

Жо̀втень (zhòvten') Octobre

Листо̀пад (lystòpad) Novembre

Гру̀день (grùden') Décembre

Моє̀ дѐнь наро̀дження одина̀дцятого лѝпня (moyè dèn' naròdzhennya odynàdtsyatogo lỳpnya) Mon anniversaire est le 11 juillet.

Новѝй Рік святкӯють трѝдцять пѐршого грӯдня (novỳi rik svyatkùyut' trỳdtsyat' pèrshogo grùdnya) Le Nouvel An est célébré le 31 décembre.

Saisons de l'année

Лі̀то (lìto) Été

Ѐсінь (òsin') Automne

Зимà (zymà) Hiver

Веснà (vesnà) Printemps

Dire l'heure et la date

Кòтра годѝна? (kòtra godỳna) Quelle heure est-il ?

Зàраз дев'я̀та рàнку. (zàraz devyàta rànku) Il est 9 heures du matin.

Вже сьòма вѐчора. (vzhe s'òma vèchora) Il est déjà 7 heures du soir.

Мі̀сяць дӯже красѝвий о дванàдцятій нòчі. (mìsyats' dùzhe krasỳvyi o dvanàdtsyatiy nòchi). La Lune est très belle à minuit.

Chapitre 8: Adjectifs

L'adjectif est une partie du langage qui indique les caractéristiques d'un sujet et répond à la question suivante “quel? quel genre?”.

Les principales caractéristiques sont : l'odeur, la couleur, l'âge, la taille, la matière, la qualité, la possession, l'espace, le temps, le lieu, les émotions....

Les terminaisons des adjectifs changent en fonction du nombre, du genre et du cas grammatical du nom qu'ils décrivent.

Voici un exemple d'un mot sous différentes formes avec des terminaisons communes pour chaque cas, genre et nombre:

гàрний (gàrnyi) - belle

	masculin	neutre	féminin	pluriel
Nominatif	гарн**ий**	гарн**е**	гарн**а**	гарн**і**
Génitif	гарн**ого**	гарн**ого**	гарн**ої**	гарн**их**
Datif	гарн**ому**	гарн**ому**	гарн**ій**	гарн**им**
Accusatif	гарн**ого**	гарн**е**	гарн**у**	гарн**их**
Instrumental	гарн**им**	гарн**им**	гарн**ою**	гарн**ими**
Locatif	гарн**ому**	гарн**ому**	гарн**ій**	гарн**их**

Le rôle principal de l'adjectif dans la phrase est attributif et il doit être placé avant le nom, mais il existe également des cas où un adjectif fait partie d'un prédicat nominal composé - dans ce cas, il est placé après le nom.

Faites attention au fait que dans le cas des verbes d'état (verbes attributifs) ukrainiens, ils sont souvent omis. Il ne sera donc pas facile de reconnaître un prédicat nominal composé dans un premier temps.

У тѐбе гàрне волòсся. (u tèbe gàrne volòssya) Vous avez de beaux cheveux.

Твоѐ волòсся (є) гàрним. (tvoyè volòssya (ye) gàrnym). Vos cheveux sont beaux.

Vous trouverez à votre disposition une liste des adjectifs les plus courants dans le prochain vocabulaire.

Degrés de comparaison

Dans la langue ukrainienne, on distingue deux degrés de comparaison : Le comparatif et le superlatif. Chacun d'eux possède deux formes : simple et complexe.

Comparatif simple:

La forme simple s'obtient en ajoutant les suffixes -ш, -іш à la racine de l'adjectif:

рі̀дний (rìdnyi) – рідн**і̀ш**ий (ridnìshyi) – cher, plus cher

молодѝй (molodỳi) – молȯд**ш**ий (molòdshyi) – jeune, plus jeune

Comparatif complexe:

Pour créer une forme complexe, il suffit d'ajouter l'un des mots "більш, менш" (bil'sh mensh – plus, moins) à la forme de base de l'adjectif (vous devez mettre un "mot complexe" devant un adjectif):

широ̀кий (shyròkyi) – **більш** широ̀кий (bil'sh syròkyi) – large, plus large

гіркѝй (girkỳi) – **менш** гіркѝй (mensh girkỳi) – amer, moins amer

Superlatif simple:

Ce type de degré est formé en ajoutant un préfixe "най" à la forme simple du degré comparatif:

дале́ко (daléko) – **най**да́льшчий (naidál'nishyi) – loin, le plus loin

соло́дкий (solódkyi) – **най**соло́д**ш**ий (naisolódshyi) – doux, le plus doux

Superlatif complexe:

Cette forme est obtenue en ajoutant l'un des mots suivants "найбі́льш, найме́нш" (naibíl'sh, naiménsh – le plus, le moins) à la forme de base de l'adjectif et en le plaçant devant lui :

захо́плюючий (zahópluyuchyi) – **найбі́льш** захо́плюючий (naibíl'sh zahópluyuchyi) – excitant, le plus excitant

бли́зько (blýz'ko) – **найме́нш** бли́зько (naiménsh blýz'ko) – proche, le plus proche

Vocabulaire 5: Les adjectifs les plus courants

Couleurs

Чóрний (chórnyi) noir

Бі́лий (bílyi) blanc

Фіолéтовий (fiolétovyi) pourpre

Срі́бний (sríbnyi) argent

Кори́чневий (korýchnevyi) marron

Рожéвий (rozhévyi) rose

Червóний (chervónyi) rouge

Си́ній (sýniy) bleu

Блаки́тний (blakýtnyi) bleu clair

Зелéний (zelényi) vert

Сі́рий (síryi) gris

Золоти́й (zolotýi) doré

Жóвтий (zhóvtyi) jaune

Жовтогаря́чий (zhovtogaryáchyi) orange

Les adjectifs des cinq sens

Goût (Смак - smak)

соло́дкий (solódkyi) doux

ки́слий (kýslyi) aigre

гірки́й (girkýi) amer

соло́ний (solónyi) salé

смачни́й/несмачни́й (smachnýi/nesmachnýi) savoureux/insipide

сокови́тий (sokovýtyi) juteux

хрустки́й (hrustkýi) croustillant

Toucher (До́тик - dótyk)

м'яки́й (myakýi) doux

жорстки́й (zhorstkýi) rude

легки́й (legkýi) léger

важки́й (vazhkýi) lourd

шовко́вий (shovkóvyi) soyeux

го́стрий (góstryi) pointu

липки́й (lypkýi) collant

Vue (Зір - zir)

те́мний (témnyi) sombre

блиску́чий (blyskúchyi) brillant

до́вгий (dóvgyi) long

коро́ткий (korótkyi) court

товсти́й (tovstýi) épais

тонки́й (tonkýi) mince

вели́кий (velýkyi) grand

мале́нький (malén'kyi) petit

сві́тлий (svítlyi) clair

яскра́вий (yaskrávyi) lumineux

Odorat (Запах - zapah)

сві́жий (svízhyi) frais

паху́чий (pahúchyi) odorant

гнили́й (gnylýi) pourri

пря́ний (pryányi) épicé

смердю́чий (smerdúchyi) puant

Ouïe (Слух - sluh)

гучни́й (guchnýi) fort

ти́хий (týhyi) calme

мелоді́йний (melodíynyi) mélodique

галасли́вий (galaslývyi) bruyant

беззву́чний (bezzvúchnyi) muet

L'humain et les émotions

агреси́вний (agresývnyi) agressif

злий (zlyi) furieux

спокі́йний (spokíynyi) calme

задово́лений (zadovólenyi) satisfait

божеві́льний (bozhevíl'nyi) fou

жорсто́кий (zhorstókyi) cruel

дратівли́вий (drativlývyi) embêtant

нудни́й (nudnýi) ennuyeux

обере́жний (oberézhnyi) prudent

че́мний (chémnyi) poli

стара́нний (staránnyi) diligent

п’я́ний (pyányi) ivre

товсти́й (tovstýi) gros

добрози́чливий (dobrozýchlyvyi) amical

ви́хований (výhovanyi) gentil

симпати́чний (sympatýchnyi) mignon

щасли́вий (shchaslývyi) heureux

здоро́вий (zdoróvyi) sain

че́сний (chésnyi) honnête

розу́мний (rozúmnyi) intelligent

ревни́вий (revnývyi) jaloux

леда́чий (ledáchyi) paresseux

одру́жений (odrúzhenyi) marié

го́лий (gólyi) nu

нерво́вий (nervóvyi) nerveux

молоди́й (molodýi) jeune

стари́й (starýi) vieux

доро́слий (doróslyi) adulte

бі́дний (bídnyi) pauvre

бага́тий (bagátyi) riche

го́рдий (górdyi) fier

сумни́й (sumnýi) triste

зля́каний (zlyákanyi) effrayé

сором'язли́вий (soromyazlývyi) timide

си́льний (sýl'nyi) fort

дурни́й (durnýi) stupide

підозрі́лий (pidozrílyi) suspicieux

вто́млений (vtómlenyi) fatigué

вродли́вий (vrodlývyi) beau

потво́рний (potvórnyi) laid

слабки́й (slabkýi) faible

му́дрий (múdryi) sage

Autres

пога́ний (pogányi) mauvais

найгі́рший (naigírshyi) le pire

до́брий (dóbryi) bon

найкра́щий (naikráshchyi) le meilleur

ва́рений (várenyi) bouilli

зла́маний (zlámanyi) brisé

спа́лений (spálenyi) brûlé

деше́вий (deshévyi) bon marché

чи́стий (chýstyi) propre

я́сний (yásnyi) clair

холо́дний (holódnyi) froid

комфо́ртний (comfórtnyi) comfortable

складни́й (skladnýi) difficile

запл́утаний (zaplútanyi) compliqué

пр́авильний (právyl'nyi) correct

ціќавий (tsikávyi) intéressant

брудн́ий (brudnýi) sale

сух́ий (suhýi) sec

легќий (legkýi) léger

пуст́ий (pustýi) vide

р́івний (rívnyi) droit, plat

відм́інний (vidmínnyi) excellent

дороѓий (dorogýi) cher

швидќий (shvydkýi) rapide

пов́ільний (povíl'nyi) lent

іноз́емний (inozémnyi) étranger

крихќий (kryhkýi) fragile

безкошт́овний (bezkoshtóvnyi) gratuit

в́ільний (víl'nyi) libre

см́ажений (smázhenyi) frit

замéрзлий (zamérzlyi) congelé

пóвний (póvnyi) plein

весéлий (vesélyi) drôle

ви́нний (výnnyi) coupable

гаря́чий (garyáchyi) chaud

волóгий (vológyi) humide

мóкрий (mókryi) mouillé

широ́кий (shyrókyi) large

вузьки́й (vuz'kýi) étroit

нови́й (novýi) nouveau

болю́чий (bolúchyi) pénible

біди́й (blidýi) pâle

отру́йний (otrúynyi) toxique

готóвий (gotóvyi) prêt

кру́глий (krúglyi) rond

прости́й (prostýi) simple

незабу́тній (nezabútniy) inoubliable

уніка́льний (unikál'nyi) unique

ви́користаний (výkorystanyi) utilisé

даре́мний (darémnyi) inutile

те́плий (téplyi) chaud

ди́кий (dýkyi) sauvage

Chapitre 9: Le Verbe

Nous abordons l'apprentissage de la partie probablement la plus difficile de la langue ukrainienne : le verbe. Les verbes ukrainiens ont de nombreuses formes et règles variables, et en commençant par l'apprentissage des temps, nous allons nous familiariser avec les plus importantes d'entre elles. Ainsi, au fur et à mesure que vous apprenez les temps, n'hésitez pas à repasser ce chapitre et à vérifier les formes du verbe requises pour les utiliser dans un temps spécifique.

Le verbe est une partie du langage qui indique une action ou un état de l'objet. La question à laquelle répond le verbe est що роби́ти? що зроби́ти (shcho robýty shcho zrobýty – que faire?). Certaines formes du verbe changent de terminaison selon la catégorie grammaticale (genre, nombre, etc.).

Le verbe "être" - "є"

"Є" (ye) – est un verbe similaire au verbe "être" en français. Mais, contrairement au français, le verbe "être" ukrainien change de forme non seulement en fonction du temps, mais aussi de la personne, du genre et du nombre. L'autre différence est que le verbe "є" peut être omis dans la phrase sans en altérer le sens:

Я є студе́нт. Я студент. (Ya ye studént. Ya student) – Je suis un étudiant.

Ci-dessous un tableau présentant l'utilisation du verbe “є” dans différentes catégories grammaticales:

Temps	Personne	masculin	féminin	neutre	pluriel
Présent	1	є			
	2				
	3				
Passé	1	був			були
	2				
	3	був	була	було	
Futur	1	буду			будуть
	2	будеш			
	3	буде			

Formes grammaticales du verbe

Les formes grammaticales du verbe en langue ukrainienne sont au nombre de cinq. Ces formes peuvent être reconnues grâce à leurs terminaisons. Examinons chaque forme:

Infinitif

L'infinitif est une forme de base du verbe, il ne peut pas être associé à une personne, un nombre, un temps, un aspect ou un genre, c'est donc une forme immuable. L'infinitif nomme une action.

Les verbes à l'infinitif prennent une terminaison en forme de suffixe **-ти** (parfois **-ть**). En outre, dans le cas d'une forme réflexive, on ajoute **-ся** à cette terminaison de base.

Бі́г**ти** (bíg**ty**) courir

люби́**ти** (lubý**ty**) aimer

вчи́**ти**, вчи́**тися** (vchý**ty** vchý**tysya**) apprendre

Forme verbale finie

Les formes verbales finies changent selon le nombre et la personne au présent et au futur de l'indicatif. Les principales questions de la forme finie sont що роблю́?що ро́биш? що бу́деш роби́ти? (shcho roblú?shcho róbysh? Shcho búdesh robýty? - Qu'est-ce que je fais? Que faites-vous? Que ferez-vous?).

Voici des exemples de verbes et de leurs terminaisons dans différentes catégories grammaticales:

Infinitif: писáти (pysáty) – écrire

Finie:

	première personne	deuxième	troisième	pluriel
présent	пиш**у**	пишеш	пиш**е**	пишу**ть**
futur	**на**пишу, **буду писати**	**на**пишеш, **будеш писати**	**на**пише, **буде писати**	**на**пишуть, **будуть писати**

Forme non finie

Ces verbes n'ont pas de catégorie de personne. Ils expriment une action dont l'auteur est inconnu ou omis. De tels verbes répondent à la question “що зрóблено?” (shcho zróbleno – qu'est-ce qui a été fait ? Ce qui a été fait), ils ont donc un aspect perfectif. Les terminaisons de base des verbes non finis sont **-но , -то:**

Розбú**то** (rozbýto) (quelque chose) a été cassé.

Verbes spéciaux : participe adjectival et participe adverbial

Les participes adjectivaux montrent la caractéristique d'un sujet par son action. Elle répond aux questions de l'adjectif et se termine par **-ий**:

напи́сан**ий** вірш (napýsanyi virsh) un poème écrit

Le participe adverbial indique une action supplémentaire et répond aux questions. "що ро́блячи?" "що зроби́вши?" (shcho róblyachy? shcho zrobývshy - Qu'est-ce qui est en train de se faire ? Qu'est-ce qui est fait ?). Les terminaisons courantes sont **-учи, -ючи, -вши**:

Підписа́вши контра́кт (pidpysávshy kontrákt) avoir signé un contrat.

L'aspect du verbe

Les verbes peuvent exprimer des actions achevées ou inachevées. Ils se divisent donc en deux groupes selon leur aspect : perfictif et imperfictif.

L'aspect *perfectif* indique une action achevée et répond aux questions що зроби́ти? Що зроби́в?

Що зроблю́? (shcho zrobýty? Shcho zrobýv? Shcho zroblú? - ce qui sera fait, ce que quelqu'un a fait, ce que quelqu'un aura fait). un Les verbes perfectifs ne possède pas de présent.

Малюва́ти (infinitif; maluváty) — **на**малюва́ти (namaluváty) – peindre, avoir peint

Les verbes *Imperfectifs* expriment une action non achevée et répondent aux questions що роби́ти? Що роби́в? Що роблю́? Що буду роби́ти? (shcho robýty? Shcho robýv? Shcho roblú? Shcho búdu robýty? - Que faire ? Ce que quelqu'un a fait ? Ce que quelqu'un est en train de faire ? Ce que quelqu'un va faire ?).

Малювати

Il y a des règles communes pour former le verbe perfectif.:

En ajoutant et en supprimant des préfixes: не́сти — прине́сти (nésty – prynésty) porter, avoir porté.

En modifiant, ajoutant ou supprimant des suffixes: повто́рювати — повтори́ти (povtoruvaty – povtoryty) – répéter, avoir répété.

Par alternance des sons dans un radical: збира́ти — зі́брати (zbyráty – zibráty) collecter, avoir collecté.

En changeant la racine: лови́ти — спійма́ти (lovýty – spiymáty) attraper, avoir attrapé.

En changeant un accent: склика́ти — скли́кати (sklykáty - sklýkaty) convoquer, avoir convoqué.

Les Modes

La langue ukrainienne comporte trois types de modes du verbe : indicatif, subjonctif, impératif.

Mode Indicatif

Ce sont les verbes qui expriment une action et qui peuvent changer selon le temps. Les verbes changent selon le genre et le nombre au passé, et selon la personne et le nombre au présent et au futur.

Temps	Aspect	Genre, personne, nombre	Formation
Présent (une action se déroule au moment de la parole ou se répète	Imperfectif uniquement : пи́ше (pýshe)	Personne, Singulier-pluriel : 1ère: пишу́ — пи́шемо (pyshú-pýshemo) (j')	Le radical du présent imperfectif + terminaisons de la catégorie de personne: singulier – pluriel

constamment)	écrit (il/elle)	écris, (nous) écrivons 2ème: пи́шеш — пи́шете (pýshesh – pýshete) (tu) écris, (vous) écrivez 3ème: пи́ше — пи́шуть (pýshe – pýshut') (il/elle) écrit, (ils/elles) écrivent Ne varient pas en fonction du genre.	1ère: чита́ю — чита́ємо (chytáu – chytáyemo) je lis - nous lisons 2ème: чита́єш — чита́єте (chytáyesh – chytáyete) tu lis - vous lisez 3ème: чита́є — чита́ють (chytáye – chytáut') il/elle lit – ils/elles lisent
Passé (une action ayant eu lieu ou se déroulant avant un moment de parole.)	Perfectif: написа́в (napysáv) a écrit (il); Imperfectif: писа́в (pysáv) était en train d'écrire (il)	Ne varie pas selon la catégorie de la personne.. Masculin: писа́в (pysáv) écrit féminin: писа́ла (pysála) écrit neutre: писа́ло pysálo) écrit plural: писа́ли (pysály) écrit	Le radical de la forme infinitive + les suffixes -в -, -л- : чита**ти** - чита**в**
Futur (une action aura lieu après un moment de la parole.)	Perfectif simple: ста́немо (stánemo) deviendrons (nous) ; perfectif composé: става́тимеш	Personne, Singulier – pluriel 1ère: писа́тиму — писа́тимемо (pysátymu – pysátymemo) écrirai - éxrirons 2ème: писа́тимеш — писа́тимете	1. Forme simple du perfectif : le radical du futur + terminaisons de la catégorie de personne: прочитають, прочитаю (prochytáyut' -

	(stavátymes h) sera devenu; complexe: бу́деш ставáти (búdesh staváty) sera devenu	(pysátymesh – pysátymete) écriras - écrirez 3ème: писáтиме — писáтимуть, бу́дуть писáти(pysátymut' - búdut' pysáty) écrira – écriront Ne varie pas en fonction du genre.	prochytáyu) lira, aura lu; 2. Forme simple de l'imperfectif: L'infinitif + la terminaison de la catégorie de personne: читáтиму, читáтимеш (chytátymu, chytátymesh); 3.Forme composée: L'infinitif+"бути" dans différentes formes de catégories de personnes: бу́ду читáти, бу́деш читáти (búdu chytáty, búdesh chytáty) sera en train de lire.

Le tableau ci-dessus vous sera très utile pour apprendre les temps !

Subjonctif

Verbes exprimant des faits incertains, ou une action possible qui peut se réaliser dans des circonstances déterminées. Les questions sont: що робив би? що зробив би? (shcho robyv by, shcho zrobyv by) qu'est-ce que quelqu'un ferait? Qu'est-ce que quelqu'un aurait fait? Les verbes au subjonctif peuvent être à la fois perfectifs et imperfectifs et changent en fonction du genre et du nombre.

La formation: passé + participe ‘б’ (après le mot se terminant par une voyelle) or “би” (après un mot se terminant par une consonne):

писáв би (pysáv by) écrirait

жив би (zhyv by) vivrait

Impératif

Ces verbes contiennent une incitation à agir sous forme d'un ordre, d'un appel, d'une demande ou d'un conseil. Ils changent en fonction de la personne et du nombre et répondent aux questions що роби́? Що зроби́? (shcho robý? Shcho zrobý?) ce que (vous) faites? Ce que (vous) aurez fait?

L'impératif est formé à partir du radical du présent et du futur en utilisant le mot 'хай' (нехай) (laisse):

хай несé, принесі́ть (hai nesé, prynesít') apportez-la/le !

Vocabulaire 6: Verbes courants

бу́ти (búty) être

ма́ти (máty) avoir

роби́ти (robýty) faire

працюва́ти (pratsuváty) travailler

говори́ти (govorýty) parler

ба́чити (báchyty) voir

чу́ти (chúty) entendre

слу́хати (slúhaty) écouter

бра́ти (bráty) prendre

зна́ти (znáty) connaître

ду́мати (dúmaty) penser

і́ти (íty) aller

ї́хати (yíhaty) conduire, se déplacer par un moyen de transport

ходи́ти (hodýty) marcher

стриба́ти (strybáty) sauter

бі́гати (bígaty) courir

хоті́ти (hotíty) souhaiter

використо́вувати (vykorystóvuvaty) utiliser

шука́ти (shukáty) chercher

дзвони́ти (dzvoný́ty) téléphoner

відчува́ти (vidchuváty) se sentir

почина́ти (pochynáty) commencer

закі́нчувати (zakínchuvaty) terminer

допомага́ти (dopomagáty) aider

пока́зувати (pokázuvaty) montrer

ру́хатись (rúhatys') bouger

люби́ти (l'ubý́ty) aimer

жи́ти (zhý́ty) vivre

помира́ти (pomyráty) mourir

ві́рити (víryty) croire

писа́ти (pysáty) écrire

чита́ти (chytáty) lire

вчи́ти (vchýty) apprendre/enseigner

сиді́ти (sydíty) s'asseoir

лежа́ти (lezháty) s'allonger

плати́ти (platýty) payer

розумі́ти (rozumíty) comprendre

зупини́ти (zupynýty) arrêter

дозволя́ти (dozvolyáty) permettre

забороня́ти (zaboronyáty) interdire

відкрива́ти (vidkryváty) ouvrir

закрива́ти (zakryváty) fermer

пропонува́ти (proponuváty) proposer

пам'ята́ти (pamyatáty) se souvenir

купува́ти (kupuváty) acheter

продава́ти (prodaváty) vendre

посила́ти (posyláty) envoyer

будува́ти (buduváty) construire

рíзати (rízaty) couper

вирíшувати (vyríshuvaty) décider/résoudre

Chapitre 10: Temps

En ukrainien, on distingue trois temps de base : le présent, le passé et le futur. Comme vous l'avez déjà vu, vous pouvez reconnaître les temps par la terminaison d'un verbe. Les temps du passé et du futur ont des formes perfectives.

Présent

On utilise le présent pour exprimer l'action qui se déroule au moment de la parole ou qui se répète constamment de temps en temps. Si vous voulez parler de votre routine quotidienne, vous devez utiliser le présent. Le présent en ukrainien n'a que la forme imperfective. Les questions au présent sont "Що робити? Що робиш? Що роблю?". Que dois-je faire? Que faites-vous? Que suis-je en train de faire?

Au présent, le verbe est modifié en fonction des catégories grammaticales de la personne et du nombre.

Personne	Singulier	Pluriel
1ère	(я) бач**у** (bachu) Je vois.	(ми) бач**имо** (bachymo) Nous voyons.
2ème	(ти) бач**иш** (bachysh) Tu vois.	(ви) бач**ите** (bachyte) Vous voyez.
3ème	(він, вона, воно) бач**ить** (bachyt') Il/Elle/On voit.	(вони) бач**ать** (bachat') Ils/Elles voient.

Pour former une phrase négative, il suffit d'ajouter une préposition “не” devant le verbe:

Я **не** бачу. (ya **ne** bachy) Je ne vois pas.

Voici quelques adverbes pour s’exprimer au présent:

За́вжди (závzhdy) toujours

Ча́сто (chásto) souvent

Рі́дко (rídko) rarement

І́ноді (ínodi) parfois

Зазвича́й (zazvychái) généralement

Ніко́ли (nikóly) jamais

Ко́жен де́нь (kozhen den’) chaque jour

Passé

On emploie le passé pour exprimer une action qui a eu lieu avant le moment de la parole. De même, le passé perfectif ukrainien exprime une action déjà achevée avant le moment de la parole.

La formation du passé (imperfectif):

L'infinitif+ terminaisons particulières du passé en genre et au pluriel:

Masculin (-в) робúв (robýv) a fait

Féminin (-ла) робú**ла** (robýla)

Neutre (-ло) робú**ло** (robýlo)

Pluriel (-ли) робú**ли** (robýly)

La formation du présent (perfectif):

Préfixe spécial (з- , с- , на- , по-, про- , при- , ви-) + passé simple:

Зробú**в** (zrobýv) (il) a fait

Сказáв (skazáv) (il) a dit

Прúйшов (prýishov) (il) est venu

Ви́йшов (vу́ishov) (il) est sorti

Voici une liste de mots pratiques pour exprimer le passé:

Вчóра (vchóra) hier

Позавчóра (pozavchóra) avant-hier

Мину́лого ти́жня (mynúlogo tу́zhnya) la semaine dernière

Вже (vzhe) déjà

Ще (shche) encore

Рік тому́ (rik tomú) il y a un an

Годи́ну тому́ (godу́nu tomú) il y a une heure

Futur

On emploie le futur quand on exprime un événement qui se produira dans le futur, après le moment où l'on parle. Les verbes au futur ont deux formes : perfectif et imperfectif. Les formes imperfectives expriment une action qui a commencé et se poursuit dans le futur, mais qui n'est pas encore terminée. Les formes perfectives expriment une action qui prendra fin dans le futur.

La formation du futur (imperfectif):

"буду" avec une terminaison spéciale des catégories grammaticales correspondant à la personne et au nombre + l'infinitif

Я бýд**у** робúти (ya búdu robýty) — Je ferai

Ти бýд**еш** робúти (ty búdesh robýty) — Tu feras

Він/Воná/Воnó бýд**е** робúти (vin/voná/vonó búde robýty) — Il/Elle/On fera

Ми бýд**емо** робúти (my búdemo robýty)— Nous ferons

Ви бу́д**ете** роби́ти (vy búdete robýty)— Vous ferez

Вони́ бу́д**уть** роби́ти (voný búdut' robýty)— Ils/Elles feront

La formation du futur (perfectif):

Les verbes perfectifs du futur ont les mêmes terminaisons que les imperfectifs du présent:

Я закінчу́ мою́ робо́ту о тре́тій годи́ні. (ya zakinchý moyú robótu o trétiy godýni) J'aurai fini mon travail à trois heures du matin.

Ми зро́бимо це ра́зом. (My zróbymo tse rázom) Nous l'aurons fait ensemble.

Voici une liste de quelques mots utiles pour s'exprimer au futur:

За́втра (závtra) demain

Післяза́втра (pislyazávtra) après-demain

Насту́пного ти́жня (nastúpnogo týzhnya) la semaine prochaine

Ско́ро (skóro) prochainement

В майбу́тньому (v maibútn'omu) à l'avenir

Коли́сь (kolýs') un de ces jours

Vocabulaire 7: Autres expressions courantes

До́брого ра́нку/дня/ве́чора (dóbrogo ránku/dnya/véchora) Bonjour/bon après-midi/ bonsoir

(На) добра́ніч ((na) dobránich) Bonne nuit

Поба́чимось (pobáchymos’) À bientôt

Віта́ю! (vitáyu) Félicitations!

Бу́дь здоро́в (búd’ zdoróv) Soyez bénis

Я тебе кохаю (ya tebe kohayu) Je t'aime

Як спра́ви? (yak správy) Comment allez-vous?

Ду́же до́бре (dúzhe dóbre) Très bien

Непога́но (nepogáno) Pas mal

Пра́вильно, Ві́рно (právyl’no, vírno) C'est vrai

Непра́вильно, не ві́рно (neprávyl’no, ne vírno) Pas vrai

Так (tak) oui

Ні (ni) non

Авже́ж (avzhézh) Bien sûr

Шано́вний, шано́вна (shanóvnyi, shanóvna) S'adresser à une personne avec respect (=Monsieur, Madame)

Що тра́пилось? (shcho trápylos’) Que s'est-il passé?

Можли́во (mozhlývo) Probablement

Я зголодні́в. (ya zgolodnív) J'ai faim

Я хо́чу пи́ти. (ya hóchu pýty) J'ai soif

Мені́ хо́лодно. (mení hólodno) J'ai froid

Мені́ жа́рко. (mení zhárko) J'ai chaud

Я забу́в. (ya zabúv) J'ai oublié

Пізні́ше (pizníshe) Plus tard

Га́рна іде́я! (gárna idéya) Bonne idée!

Що це? (shcho tse) Qu'est-ce que c'est?

Хто це? (hto tse) Qui est-ce?

Ви мо́жете допомогти́? (vy mózhete dopomogtý) Pouvez-vous aider?

Ви розумі́єте? (vy rozumíyete) Vous comprenez ?

Я розумі́ю (ya rozumíyu) Je comprends

Допоможі́ть! (dopomozhít’) A l'aide!

Я захворі́в (ya zahvorív) Je suis malade

Я не зна́ю (ya ne znáyu) Je ne sais pas

Chapitre 11: Adverbes

L'adverbe est une partie du langage qui exprime la caractéristique d'une action, l'état d'un sujet ou une caractéristique de qualité. L'adverbe répond aux questions suivantes:

як? коли́? для чо́го? чому́? де? куди́? скі́льки? (yak? kolý? dlya chógo? chomú? de? kudý? skíl’ky?) comment? quand? pour quoi? pourquoi? où? où aller? combien?

Les adverbes restent inchangés, quelle que soit la catégorie grammaticale.

L'adverbe exprime:

La caractéristique d'une action lorsqu'elle dépend d'un verbe ou d'un participe adverbial.:

іти́ (як?) *шви́дко* (itý (yak?) shvýdko*)* aller rapidement

ї́хати (куди́?) *додо́му* (yíhaty (kudý?) dodómu) rentrer à la maison;

La caractéristique d'une autre caractéristique lorsqu'elle dépend d'un adjectif, d'un participe adjectival ou d'un autre adverbe:

зана́дто го́лосно (zanádto gólosno) trop bruyant

*надзвича́йно ве́село (*nadzvycháino véselo) très drôle;

La caractéristique du sujet, lorsqu'il dépend d'un substantif:

сті́л (яки́й?) *навпро́ти (*stíl (yakýi?) navpróty) une table en face de (moi).

Les adverbes ukrainiens se répartissent en six groupes selon leur signification:

de qualité et de manière

de lieu

de temps

de cause

d'intention

de degré

	qualité et manière de l'action	lieu	temps	cause	intention	quantité
question	Comment ?	où ?	Quand?	Pourquoi?	Pour quoi faire ?	Combien ?
Exemple :	Де́шево (déshevo) bon marché До́рого (dórogo) cher	Тут (tut) ici дале́ко (daléko) loin	Вчо́ра (vchora) hier зра́нку (zránku) du matin	Навми́сно (navmýsno) intentionnellement	Наперекі́р (naperekír) contrairement à	Зана́дто (zanádto) trop

Les adverbes ayant les terminaisons -o, -e peuvent exprimer un degré de comparaison:

шви́дко — шви́дш**е** — **най**швидш**е** (shvýdko – svýdshe – naishvýdshe) rapide, plus rapide, le plus rapide

La formation des adverbes:

À partir d'autres adverbes:

коли — коли-**небудь** (koly – koly-nebud') quand, un jour;

À partir d'adjectifs:

швидки́й — шви́дк**о** (shvydkyi – shvydko) rapide;

À partir de noms:

верх — зверху (verh – zverhu) haut, d'en haut;

À partir de nombres:

три — три́чі (try – trýchi) trois, trois fois par …;

À partir des pronoms:

і́нший — по-і́ншому (ínshyi – po-ínshomu) une autre, une autre façon

À partir des phrases:

пра́ва рука — право́руч (prava ruka – pravoruch) main droite, sur la main droite

Vocabulaire 8: Adverbes courants

Швидко (shvýdko) rapidement

Повільно (povíl'no) lentement

Дóбре (dóbre) bien

Погáно (pogáno) mal

Лéгко (légko) facilement

Склáдно (skládno) difficile

Гáрно (gárno) magnifiquement

Багáто (bagáto) beaucoup

Забагáто (zabagáto) énormément

Трóхи (tróhy) peu

Мáло (málo) petit

Дýже (dúzhe) très

Занáдто (zanádto) trop

Замáло (zamálo) très peu, très petit

Сьогóдні (s'ogódni) aujourd'hui

Вчóра (vchóra) hier

Зáвтра (závtra) demain

Зáраз (záraz) maintenant

Скóро (skóro) bientôt

Випадкóво (vypadkóvo) accidentellement

Рáно (ráno) tôt

Пíзно (pízno) tard

Тут (tut) ici

Там (tam) là/ là-bas

Блúзько (blýz'ko) près

Далéко (daléko) loin

Звéрху (zvérhu) dessus

Знúзу (znýzu) dessous

Зрáнку (zránku) le matin

Вдéнь (vdén') l'après-midi

Ввéчері (vvécheri) le soir

Вночí (vnochí) la nuit

Лівóруч (livóruch) à gauche

Правóруч (pravóruch) à droite

Chapitre 12: Prépositions Et Conjonctions

Prépositions

La préposition est une partie auxiliaire du langage qui accompagne les différentes catégories de cas du nom, du pronom ou du nombre pour exprimer sa dépendance par rapport aux autres mots de la phrase.

Faites attention au fait qu'une préposition peut avoir une signification différente selon le mot utilisé:

Я хóчу **на** прогýлянку. (ya hóchu na progúlyanku) Je veux me promener

Я лежý **на** лі́жку. (ya lezhú na lízhku) Je suis allongé sur le lit.

En raison des différentes significations que prennent les prépositions, examinons les prépositions ukrainiennes courantes, ainsi que leur signification et leur utilisation dans différents cas grammaticaux.

Préposition	Traduction	Usage	Exemple
без	sans	Cas Génitif	Я не мóжу жи́ти без тéбе (ya ne mózhu zhýty

			bez tébe) Je ne peux pas vivre sans toi.
біля близько коло	près, proche	Cas Génitif	Бі́ля ха́ти стої́ть де́рево (bílya háty stoyít' dérevo) Il y a un arbre près de la maison.
після	après	Cas Génitif	Пі́сля шко́ли я пої́ду на змага́ння (píslya shkóly ya poyídu na zmagánnya) Je me rendrai à la compétition après l'école.
завдяки	grâce à	Cas Datif	Завдякú тобі́ я схýднула (zavdyaký tobí ya shúdnula) Je me suis mis en forme grâce à toi.
на	1. à, pour (direction) 2. sur 3. sur, à, au	1 et 2 Cas Accusatif 3 Cas Locatif	1. За́втра я ї́ду на мо́ре (závtra ya yídu na móre) Je vais aller à

			la mer demain. 2. Поклади́ це на стіл (pokladý tse na stil) Mettez-le sur la table. 3. Я бу́ду на конце́рті за́втра (ya búdu na kontsérti závtra) Je serai au concert demain.
по	1. pour (quelque chose) 2. le long de, autour de	1.Cas Accusatif 2.Cas Locatif	1. Га́ля пішла́ по во́ду (gálya pishlá po vódu) Galya est partie chercher de l'eau. 2. Я іду́ по ву́лиці (ya idú po vúlytsi) Je marche le long de la rue.
при	par/à	Cas Locatif	При вхо́ді в магази́н стої́ть

			охоро́на (pry vhódi v magazýn stoyít' ohoróna) Un agent de sécurité se tient debout à l'entrée du magasin.
над	au-dessus de	Cas Instrumental	Над лі́жком виси́ть портре́т (nad lízhkom vysýt' portrét) Il y a un portrait au-dessus du lit.
між	entre	Cas Instrumental	Я лю́блю ходи́ти між дере́вами (ya lúblu hodýty mizh derévamy) J'aime marcher entre les arbres.
під	1. sous (lieu) 2. sous (direction)	1. Cas Instrumental 2.Cas Accusatif	1. Я сиджу́ під карти́ною. (ya sydzhú pid kartýnoyu) Je

			me pose sous le tableau. 2. Це впáло під дивáн (tse vpálo pid dyván) C'est tombé sous le canapé.
всупереч	contrairement à	Cas Datif	Всýпереч усíм вонá стáла вчи́телем (vsúperech usím voná stála vchýtelem) Elle est devenue enseignante, contrairement à ce que tout le monde pensait.
для	pour	Cas Génitif	Ця квíтка для тéбе (tsya kvítka dlya tébe) Cette fleur est pour toi.
від	de la part de (une personne)	Cas Génitif	Я отри́мала подарýнок від ньóго (ya otrýmala podarúnok

			vid n'ógo) J'ai reçu un cadeau de sa part.
у, в	1. possession 2. dans, en, à 3. le (un jour) 4. en,dans,à	1. Cas Génitif 2 et 3 Cas Accusatif 4. Cas Locatif	1. В тебе є грóші? (v tébe ye gróshi?) Avez-vous de l'argent ? 2.Поклади́ хліб у тарі́лку (pokladý hlib u tarílku) Mettez un morceau de pain dans une assiette. 3.Я іду гуля́ти у Вівтóрок (ya idu gulýaty u vivtórok) Je sors le mardi. 4. Я живу́ в Украї́ні (ya zhyvú v ukrayíni) Je vis en Ukraine.
про	à propos de, de	Cas Accusatif	Ти чув про цей парк? (ty chuv pro tsei

			park) Avez-vous entendu parler de ce parc ?
з	1. de 2. avec	1. Cas Génitif 2. Cas Instrumental	1. Ти з Амéрики? (ty z améryky) Vous venez d'Amérique? 2. Я з тобóю (ya z tobóu) Je suis avec toi.
за	1. au lieu de / à la place de (замість aussi) 2. derrière 3. après	1.Cas Accusatif 2 et 3 Cas Instrumental	1. Зробй це за/зáмість мéне (zrobý tse za/zámist' méne) Fais-le à ma place. 2. Дім за дерéвами (dim za derévamy) Une maison derrière les arbres. 3. Ідй за мнóю (idý za mnóyu) Allez après moi (suivez-moi).
серед	parmi	Cas Génitif	Сéред них є грабíжник

			(séred nyh ye grabízhnyk) Il y a un voleur parmi eux.
проти	contre/en face de	Cas Génitif	Я не про́ти те́бе (ya ne próty tébe) Je ne suis pas en face de vous.
навколо	autour de	Cas Génitif	Ми танцюва́ли навко́ло яли́нки (my tantsuvály navkólo yalýnky) Nous dansions autour d'un arbre de Noël.
ради/заради	pour ton bien/à cause de	Cas Génitif	Я зроблю́ все ра́ди/зара́ди те́бе (ya zroblú vse rády/zarády tébe) Je ferai n'importe quoi pour toi (pour ton bien).
навпроти	contre/en face de	Cas Génitif	Навпро́ти се́бе я ба́чу парк

			(navpróty sébe ya báchu park) Je vois un parc en face de moi.
о	à (heure)	Cas Locatif	Я прокида́юсь о во́сьмій годи́ні (ya prokydáyus' o vós'miy godýni) Je me réveille à 8 heures.

Conjonctions

La conjonction est une partie auxiliaire du langage qui sert à relier deux ou plusieurs mots de même importance syntaxique ou parties d'une phrase complexe. Il existe deux types de conjonctions : de subordination et de coordination.

Conjonctions de coordination

Les conjonctions de coordination relient deux parties égales de la phrase. Elles nous aident à rassembler les parties de la phrase ou à les opposer et à les séparer.

Type	Conjonctions	Traduction	Exemples
Unification	І/ й/та (au sens de "і") також теж ні...ні ані...ані	Et aussi aussi ni...ni ni...ni	Ка́ва і чай (káva i chai) café et thé. ні ри́ба ні м'я́со (ni rýba ni myáso) ni poisson ni viande. Я теж (ya tezh) moi aussi.

Opposition	А але зате проте однак та (au sens “але”) хоч...зате не тільки...а й	et/mais mais mais mais cependant et bien que non seulement... mais aussi	Ти чоловíк, а я жíнка (ty cholovík, a ya zhínka) Vous êtes un homme et je suis une femme. Я прийшла але не бачу тебе. (ya pryishla ale ne bachu tebe) Je suis arrivé mais je ne peux pas te voir. Я люблю́ не тíльки чай, а й ка́ву. (ya lublú ne tíl’ky chai, a y kávu) J'aime non seulement le thé, mais aussi le café.
Séparation	Або чи то або...або чи...чи то...то не то....не то хоч...хоч	Ou ou bien ensuite ou...ou soit...soit tantôt...tantôt parfois...parfois bien que... mais	Кава або чай? (kava abo chai) Du café ou du thé? Обира́й або дім або авто́ (obyrái abó dim abo avtó) Choisissez une maison ou une voiture.

Conjonctions de subordination

Les conjonctions de subordination relient deux parties ou une phrase complexe. Elles ont plusieurs fonctions, exprimant différentes significations. Examinons chacune d'entre elles.

Le premier groupe est celui des conjonctions explicatives:

що (shcho) que

як (yak) comment

ні́би (níby) comme si

Я зна́ю, що сього́дні четве́р (ya znáyu shcho s'ogódni chetvér) Je sais qu'aujourd'hui est un mardi.

Я зна́ю як це роби́ти (ya znáyu yak tse robýty) Je sais comment le faire.

Хма́ри чо́рні, ні́би за́раз бу́де до́щ (hmáry chórni, níby záraz búde doshch) Le ciel est sombre, comme s'il allait pleuvoir.

Le deuxième groupe est celui des conjonctions circonstancielles. Elles sont également divisées en groupes:

De temps:

щóйно (shchóino) lorsque

дóки (dóky) jusqu'à ce que

як тíльки (yak tíl'ky) dès que

пíсля тóго як (píslya tógo,yak) quand, lorsque, après que

Я поїду пíсля тóго як ти скáжеш (ya poyídu píslya tógo yak ty skázhesh) J'irai après que tu le dises.

De cause:

бо (bo) parce que

томý що/чéрез те що (tomú shcho/chérez te shcho) c'est pourquoi, puisque

у зв'язкý з тим що (u zvyazkú z tym shcho) à cause de

завдякú томý що (zavdyaký tomú shcho) à cause de, grâce à

Я вдóма завдякú тому що встúгла на пóїзд (ya vdóma zavdyaký tomú shcho vstýgla na poyízd) Je suis à la maison grâce au train qui est arrivé à temps.

Я читáю, бо це цікáво. (ya chytáyu bo tse tsikávo) Je lis parce que c'est intéressant.

De la finalité:

щоб/щóби/абѝ (shchob/shchoby/aby) de sorte que

для тóго щоб (dlya togo shchob) afin de

Я збирáюсь вѝграти для тогó щоб отрѝмати диплóм (ya zbyráus' výgraty dlya togó shchob otrýmaty dyplóm) Je vais gagner afin d'obtenir un diplôme.

De condition:

якбѝ/абѝ (yakbý/abý) si

якщó (yakshchó) si

колѝ (koly) quand

як тíльки (yak til'ky) dès que

Якбѝ я булá красýнею він би менé покохáв (yakbý ya bulá krasúneyu vin bu mené pokoháv) Si j'étais belle, il m'aimerait.

De l'admission:

хоч (hoch) quoique

незважáючи на те що (nezvazháuchy na te shcho) malgré le fait que

дармá що (darmá shcho) même si / bien que

Я пішлá на робóту незважáючи на те що булá хвóра (ya pishlá na robótu nezvazháuchy na te shcho bulá hvóra) Je suis allé travailler malgré le fait que j'étais malade.

De comparaison:

як (yak)

мов (mov)

нáче (náche)

ні́би (níby)

немóв (nemóv)

ненáче (nenáche)

мóвби (móvby)

ні́бито (níbyto)

ненáче (nenáche)

ненáчебто (nachebto)

немо́вбито (nemovbyto)

Ils sont toutes traduites par la cononction “comme si” (au début, vous ne pouvez apprendre que quelques-unes d'entre elles):

Коли́ я його́ поба́чила нена́че бли́скавка вда́рила (kolý ya yogó pobáchyla nenáche blýskavka vdáryla) Quand je l'ai vu, c'était comme si j’avait eu un coup de foudre.

De conséquence:

так що (tak shcho) donc, de sorte que

Я включи́ла ра́діо так що у кімна́ті ста́ло гу́чно (ya vkluchýla rádio tak shcho u kimnáti stálo gúchno) J'ai allumé la radio de sorte que le son soit fort dans la chambre.

Vocabulaire 9: Il n'y a pas de lieu comme la maison

Le nom des pièces:

Дім, буди́нок (dim, budýnok) maison

Спа́льня (spál'nya) chambre à coucher

О́фіс (ófis) bureau

Віта́льня (vitál'nya) salle de séjour

Ва́нна кімна́та (vánna kimnáta) salle de bains

Ку́хня (kúhnya) cuisine

Їда́льня (yidál'nya) salle à manger

Пере́дній вхід (perédniy vhid) entrée avant

Сад (sad) jardin

Пра́льня (prál'nya) buanderie

Les objets de la maison:

Ки́лим (kýlym) tapis

Сті́л (stíl) table

Стіле́ць (stiléts’) chaise

Дива́н (dyván) canapé

Лі́жко (lízhko) lit

Крі́сло (kríslo) fauteuil

Телеві́зор (televízor) télévision

Ра́діо (rádio) radio

Комп’ю́тер (kompyúter) ordinateur

Годи́нник (godýnnyk) horloge

Ша́фа (sháfa) garde-robe

Холоди́льник (holodýl’nyk) réfrigérateur

Плита́ (plytá) cuisinière

Ча́йник (cháinik) Bouilloire

Дзе́ркало (dzérkalo) miroir

Ва́за (váza) vase

Рушни́к (rushnýk) serviette

Ла́мпа (lámpa) lampe

Книжкóва пóлиця (knyzhkóva pólytsa) bibliothèque

Душ (dush) douche

Chapitre 13: Formulation De La Phrase

Vous avez déjà vu que les phrases ukrainiennes n'ont pas d'ordre strict ni d'articles, alors que les phrases françaises en ont. Dans de nombreux cas, l'intonation permet de mettre en valeur l'information qui doit attirer l'attention.

Я поми́ла по́суд. (ya pomýla pósud) J'ai lavé la vaisselle.

Я **помила** посуд. J'**ai lavé** la vaisselle.

Я помила **посуд**, підло́гу я не ми́ла. (…, pidlógu ya ne mýla) J'ai fait **la vaisselle**, je n'ai pas nettoyé le sol.

Comme vous pouvez le constater, nous pouvons marquer les informations nécessaires, afin d'expliquer clairement ce que nous voulons dire à notre interlocuteur.

Il n'y a pas d'ordre fixe dans une phrase en langue ukrainienne, mais il existe des règles pour placer les différentes parties du langage dans la phrase.:

Les adjectifs et les adverbes précèdent généralement le nom ou le verbe auquel ils se rapportent:

Це ду́же *га́рна кві́тка*. (tse dúzhe gárna kvítka) C'est une très belle fleur.

Пóїзд *швúдко приї́хав.* (póyizd shvýdko pryíhav) Le train est arrivé rapidement à la gare.

La préposition de négation “не” se place toujours devant le verbe:

не хочу (ne hochy) Je ne veux pas

не буду (ne budu) Je ne vais pas

Les prédicats (verbes) sont généralement placés après un sujet (nom):

Вона прийшлá (vona pryishlá) Elle est venue

La préposition est généralement placée avant l'objet auquel elle se rapporte:

Сьогóдні вівтóрок (s’ogódni vivtórok) Aujourd'hui, c'est mardi.

Nous allons à présent aborder les structures de trois types de phrases : déclarative, interrogative et négative.

Déclarative

Pour composer une phrase déclarative, il faut un nom et un verbe (parfois seulement un verbe). La structure de base est la suivante : nom (sujet) + verbe (prédicat).:

Сонце світить (sontse svityt') Le soleil brille.

Людина дихає (ludyna dyhaye) Une personne qui respire.

Прийшов. (pryishov) (je/il) suis/est venu. (Faites attention au contexte des phrases précédentes au moment où vous parlez en utilisant cette structure).

Pour donner plus d'informations à votre interlocuteur, vous pouvez ajouter des parties secondaires à la phrase. Voici une structure de base avec chaque partie de la phrase: sujet+prédicat+attribut+objet+modificateur adverbial (certaines parties de la phrase peuvent être omises):

Я ба́чу краси́вий парк вдалині́ (ya báchu krasývyi park vdalení) Je vois un beau parc au loin.

Interrogative

Il n'y a pas de mots spéciaux pour poser des questions dans la langue ukrainienne, donc la structure de la phrase interrogative dans la plupart des cas est la même que celle de la phrase déclarative, ainsi vous devez marquer la question avec votre intonation. Vous pouvez également utiliser n'importe quelle question que vous connaissez déjà (elle sera placée au début)..

Чомý ти плáчеш? (chomý ty pláchesh) **Pourquoi** pleures-tu?

Він вдóма. (Vin vdóma) Il est à la maison.

Він вдома? Est-il à la maison?

Si vous voulez demander quelque chose poliment, vous devez utiliser le verbe modal “pouvoir” (можу) dans votre phrase. Il est placé après un sujet:

Я мóжу увійти́? (ya mózhu uviytý) Puis-je entrer?

Négative

Pour créer une phrase négative, vous devez utiliser le mot de négation “не” devant un verbe. Le reste de la phrase est similaire à la structure déclarative:

Я не поі́ду додóму. (ya ne poyídu dodómu) I je ne rentre pas à la maison.

Вонá не сказáла, що не п’є алкогóль (voná ne skazála shcho ne pye alkogól’) Elle n'a pas mentionné qu'elle ne boit pas d'alcool.

Vocabulaire 10: Parler de soi

Désormais, vous en savez déjà assez pour vous présenter à votre interlocuteur. Voici un exemple de lettre de présentation à un(e) correspondant(e):

“Привіт, дорогий друг. Мене звати Александр і мені дуже приємно познайомитись. Сподіваюсь, що ми будемо спілкуватися частіше, щоб узнати один одного краще.

Хочу розповісти про себе. Мені 30 років, я живу в Україні і працюю вчителем математики. Я дуже люблю дітей, тому я обрав собі професію, щоб робити вклад у майбутнє нашої країни. Я одружений, мою жінку звати Марія, у нас є син, Богдан. Я працюю п’ять днів на тижні, тому вихідні я цілком присвячую своїй родині. Ми ходимо в кіно, кафе, парки. Коли на вулиці тепла погода ми їздимо кататися на велосипедах, а влітку проводимо час на пляжі. Я дуже люблю свою родину!

Що до мене, у мене є хобі. Мені подобається робити фігурки з дерева. Я захопився цим одразу як почав! Це було коли я вирішив зробити дерев'яну іграшку моєму сину, коли йому було ще 2 роки. За час, що я роблю фігурки та іграшки я відпочиваю морально, це дуже допомагає мені тримати себе у тонусі.

Я чув у тебе є також цікаве хобі пов'язане із деревом, мені буде цікаво про це дізнатись!

Чекає із нетерпінням твоєї відповіді.

Александр"

"Bonjour, mon cher ami. Je m'appelle Alexandr et je suis ravi de vous rencontrer. J'espère que nous pourrons échanger plus souvent et approfondir notre connaissance mutuelle.

Je voudrais me présenter à vous. J'ai 30 ans, je vis en Ukraine et je travaille comme professeur de mathématiques. J'aime énormément les enfants, c'est pourquoi j'ai choisi ce métier pour contribuer à l'avenir de notre pays. Je suis marié, ma femme s'appelle Maria, nous avons un fils, Bogdan. Je travaille cinq jours par semaine, alors je consacre tout le week-end à ma famille. Nous allons au cinéma, dans les cafés, et aux parcs. Quand il fait chaud dehors, nous faisons du vélo, et en été nous passons notre temps à la plage. J'aime beaucoup ma famille !

En ce qui me concerne, je suis un passionné d'art. J'aime faire des figurines en bois. Je suis devenue accro à ce hobby dès que j'ai commencé ! C'était quand j'ai décidé de réaliser un jouet en bois pour mon fils, quand il avait deux ans. En fabriquant des figurines en bois, je me ressource suffisamment, et cela m'aide à rester en forme.

J'ai entendu dire que vous avez un passe-temps intéressant lié au boiserie aussi, donc ce sera intéressant de le découvrir!

J'attends votre réponse avec impatience!

Alexandr”

Vocabulaire 11: Autres termes utiles

Météo

Пого́да (pogóda) Météo

Яка сього́дні пого́да? (yaka s'ogódni pogóda) Il fait quel temps aujourd'hui?

Чи́сте не́бо (chýste nébo) Ciel dégagé

Зли́ва (zlýva) pluie diluvienne

Бли́скавка (blýskavka) éclair

По́вінь (póvin') inondation

Град (grad) tempête de grêle

Сні́жка (snízhka) boule de neige

Со́нячний де́нь (sónyachnyi den') journée ensoleillée

Грім (grim) tonnerre

Хма́ра (hmára) nuage

Воло́гий (vológyi) humide

Роса́ (rosá) rosée

Дощ (doshch) pluie

Морóз (moróz) gelée

Ураґáн (uragán) ouragan

Тумáн (tumán) brume

Сніг (snig) neige

Сóнце (sóntse) soleil

Відли́га (vidlýga) dégel

Ві́тер (víter) vent

Рáйдуга (ráiduga) arc-en-ciel

Vêtements et accessoires

Футбóлка (futbólka) T-shirt

Свéтр (svétr) chandail

Жакéт (zhakét) veste

Пальтó (pal’tó) manteau

Джи́нси (dzýnsy) jeans

Шкарпéтки (shkarpétky) chaussettes

Шóрти (shórty) short

Спорти́вний костю́м (sportývnyi kostúm) survêtement

Жиле́т (zhulét) gilet

Піжа́ма (pizháma) pijamas

Взуття́ (vzuttyá) chaussures

Чо́боти (chóboty) bottes

Ма́йка (máika) débardeur

Дощови́к (doshchovýk) imperméable

Спідни́ця (spidnýtsa) jupe

Пла́ття (pláttya) robe

Підбо́ри (pidbóry) talons

Блу́за (blúza) chemisier

Костю́м (kostúm) costume

Соро́чка (soróchka) chemise

Крава́тка (kravátka) cravate

Ша́пка (shápka) chapeau

Шарф (sharf) écharpe

Окуля́ри (okulyáry) lunettes de vue

Со́нячні окуля́ри (sónyachni okulyáry) lunettes de soleil

Рюкза́к (rukzák) sac à dos

Су́мка (súmka) sac

Сере́жки (serézhky) boucles d'oreilles

Гамане́ць (gamanéts') sac à main

Годинни́к (godynnýk) montre

Обру́чка (obrúchka) anneau

Нами́сто (namýsto) collier

Nourriture

Ї́жа (yízha) aliments

м'я́со (myáso) viande

ялови́чина (yalovýchyna) bœuf

ку́рка (kúrka) poulet

ка́чка (káchka) canard

ягня́ (yagnyá) agneau

саля́мі (salyámi) salami

соси́ски (sosýsky) charcuteries

ри́ба (rýba) poisson

лосо́сь (losós’) saumon

сарди́на (sardýna) sardine

оселе́дець (oselédets’) harengs

туне́ць (tunéts’) thon

ву́гор (vúgor) anguille

анчо́ус (anchóus) anchois

фру́кти (frúkty) fruit

я́блуко (yábluko) pomme

бана́н (banán) banane

апельси́н (apel’sýn) orange

ви́шня (výshnya) cerise

коко́с (kokós) noix de coco

виногра́д (vynográd) raisin

грейпфру́т (greipfrút) pamplemousse

лимóн (lymón) citron

лайм (laim) chaux

мáнго (mángo) mangue

ди́ня (dýnya) melon

кавýн (kavún) pastèque

ананáс (ananás) ananas

полуни́ця (polunýtsa) fraise

óвочі (óvochi) légumes

авокáдо (avocádo) avocat

квасóля (kvasólya) haricot

капýста (kapústa) chou

мóрква (mórkva) carotte

огірóк (ogirók) concombre

гриб (gryb) champignon

лук (luk) oignon

пéрець (pérets’) poivre

картóпля (kartóplya) pomme de terre

ма́сло (máslo) beurre

сир (syr) fromage

молоко́ (molokó) lait

кефі́р (kefír) lait aigre

йо́гурт (yógurt) yaourt

хліб (hlib) pain

торт (tort) gâteau

цу́кор (tsúkor) sucre

пластівці́ (plastivtsí) céréales

мед (med) miel

джем (dzhem) confiture

ка́ша (kásha) porridge

ло́кшина (lókshyna) nouilles

міві́на (mivína) nouilles de fast-food

па́ста (pásta) pâtes

пі́ца (pítsa) pizza

рис (rys) riz

макарóни/спагéті (makaróny/spagéti) spaghetti

шоколáд (shokolád) chocolat

Points cardinaux

пі́вніч (pívnich) nord

схід (shid) est

зáхід (záhid) ouest

пі́вдень (pivden’) sud

Conclusion

Comme je l'ai mentionné dans l' “Introduction” la langue ukrainienne est unc langue mélodique. Elle est plus difficile que le français, mais pas aussi difficile que le chinois ou le japonais. Vous vous êtes familiarisé avec un alphabet complètement nouveau (cyrillique), des sons et des nouvelles catégories grammaticales.

Si vous avez déjà entendu parler de la langue russe, vous pouvez maintenant briser tous les stéréotypes sur les similitudes entre l'ukrainien et le russe (éventuellement, les similitudes ne concernent que certains aspects grammaticaux).

Après avoir lu et appris ce livre, vous serez capable de parler et de lire en ukrainien, mais bien sûr l'apprentissage ne doit pas s'arrêter là ! Plus on en sait, plus on veut en savoir ! Alors, pratiquer votre langue tous les jours: parlez aux autochtones, regardez des dessins animés et des films ukrainiens, lisez des livres et des poèmes ukrainiens, écoutez des chansons et visitez l'Ukraine ! Enrichissez votre vocabulaire avec de nouveaux mots et expressions, et avec le temps vous vous sentirez “як риба у воді” - comme un poisson dans l'eau.